AF245296

RAPPORT

SUR

LES CONCOURS DE SCULPTURE,

ARCHITECTURE ET PEINTURE,

OUVERTS PAR LES DÉCRETS DE LA CONVENTION NATIONALE.

RAPPORT

FAIT

AU NOM DU COMITÉ D'INSTRUCTION PUBLIQUE,

Sur les concours de Sculpture, Peinture et Architecture, ouverts par les décrets de la Convention nationale,

Par PORTIEZ (de l'Oise), Représentant du Peuple ;

IMPRIMÉ PAR ORDRE DE LA CONVENTION NATIONALE.

Représentans,

Tout ce qui peut ajouter à la prospérité nationale doit fixer l'attention des représentans du peuple. C'est sous ce point-de-vue que le comité d'instruction publique a droit à vous intéresser dans le rapport qu'il vous présente aujourd'hui ; il vient vous entretenir des arts, et vous parler de leur utilité, et de la nécessité de les encourager.

Les arts doivent concourir, avec l'agriculture et le commerce, à réparer les maux de la guerre. La liberté, nécessaire au génie des artistes, entretenoit en France, sous le règne même du despotisme, ces sentimens généreux qui ont enfanté la liberté politique : les arts, ornement des nations policées, font partie de l'éducation nationale. Ces arts par lesquels jadis Athènes a fleuri, et qui l'ont distingué des autres villes de la Grèce, renforcent dans l'ame des citoyens tous les sentimens que l'enthousiasme de la liberté fait puiser dans l'amour de la patrie. Les arts étouffent, comme l'a dit un de nos collègues, tempèrent les germes de division ; ils rapprochent, en les unissant par les mêmes goûts et les mêmes travaux, ceux que des différences d'opinions et de sentimens ont pu éloigner les uns des autres. Si on ne peut révoquer en doute que les arts aient contribué à préparer la révolution, on ne peut nier qu'ils ne puissent servir à son affermissement ; il n'est besoin que de donner aux arts une direction utile. Si le despotisme les a souvent fait tourner à son profit, pourquoi la liberté ne les feroit-elle pas servir à sa gloire ?

Je n'examine pas ici si, lorsque l'artiste abandonnant son atelier, le marchand son comptoir, le savant son cabinet, pour opposer une digue à ce torrent d'ennemis vomis sur notre territoire par la tyrannie, lorsque, la France entière convertie en un vaste camp, il importoit de tourner tous les esprits vers le métier de la guerre ; si, dis-je, il a été possible d'encourager les arts, et si les arts paisibles étoient compatibles avec les résolutions vigoureuses qui exigent de l'homme le plus grand développement de ses facultés. Quoi qu'il en soit, les artistes ont fait preuve qu'ils ne sont pas les derniers à voler au secours de la patrie en danger. Dans la tourmente révolutionnaire, les arts qui doivent à la paix servir d'aliment à l'activité française, ont manqué d'aliment ; cependant il en est qui ont besoin d'encouragemens eux mêmes : leur nécessité est moins sentie et moins apperçue, parce qu'ils ne se lient pas immédiatement aux besoins de la vie. De ce nombre sont les arts du dessin.

Les arts du dessin sont l'école où se forment directement ou indirectement presque tous les arts de l'industrie. Demander s'il faut encourager les arts du dessin, demander s'il faut encourager l'industrie nationale ? Et puisqu'il importe d'encourager l'industrie, dont les ramifications s'étendent à une foule de professions dans la société, n'est-ce pas à l'horlogerie, à l'orfévrerie, à l'ébénisterie, à la menuiserie, etc. etc., n'est-il pas plus expédient d'encourager la perfection du petit nombre d'arts du dessin, qui entraîne avec elle la perfection des autres ?

Législateurs, placés au faîte de l'édifice, vous devez en saisir toutes les parties et en embrasser l'ensemble. Or, n'est-il pas sensible aux yeux de tout bon calculateur politique que les sommes avancées par le gouvernement pour l'encouragement des arts ne sont que des placemens avantageux à gros intérêts ? Les artistes français ne rendent-ils pas les habitans des autres pays nos tributaires ? et lorsqu'en échange de ce tableau, de cette gravure, de cette statue, l'amateur étranger vous donne son or ou des objets de consommation équivalens, n'est-il pas rigoureusement vrai que les finances de la République ont trouvé leurs intérêts bien stipulés dans les encouragemens du gouvernement ? Ce que j'avance ici se trouve confirmé par l'expérience ; et dans la balance du commerce, il résulte que 500,000 liv. rapportoient jadis 5,500,000 liv. Ainsi, l'artiste qui embellit et vivifie les formes de la matière n'est pas moins utile à la République que le fabricant qui façonne les produits bruts.

Législateurs, les arts ont beaucoup perdu par la révolution ; ils ont perdu l'ornement des temples, des maisons religieuses, des couvents, la décoration des palais des ci-devant rois, des jardins de luxe, les monumens que la flatterie consacroit aux ci-devant princes, les mausolées que la douleur élevoit à la reconnoissance, les figures et les tableaux qu'occasionnoient les réceptions ou agrémens à l'académie ; enfin, les arts ont perdu tout ce qu'ils pouvoient attendre du luxe des particuliers, et tout ce que les étrangers tiroient de la France.

Les véritables encouragemens des arts du dessin dépendent des institutions politiques et religieuses, ou du luxe public.

Sous l'ancien régime, ces trois sources alimentaires étoient presque taries. Le gouvernement sentit qu'il importoit d'y suppléer par des encouragemens ; en conséquence, depuis vingt ans, le gouvernement donnoit annuellement une somme de 100,000 liv. applicable aux statues des grands hommes que la France avoit produits, et à des tableaux laissés pour le sujet au choix de l'artiste.

L'assemblée constituante avoit décrété qu'une pareille somme de 100,000 liv. seroit employée aux ouvrages et commandes de monumens. Une seule fois, en 1791, cette somme fut décrétée, et à peine 60,000 liv. ont été payées. Depuis cette époque, qu'a-t-on fait pour les artistes? rien. Que dis-je ! loin de leur donner, on leur a demandé, et ils se sont empressés de donner à la République. Dans l'espace d'une année, une douzaine de concours proposés par la Convention nationale a sollicité des productions en tout genre du génie des artistes; trois mille ouvrages ont été produits.

Citoyens, les circonstances ne permettant pas la dispendieuse exécution de ces travaux, la Convention n'a pas voulu laisser sans récompense de tels efforts. Un jury a été nommé pour adjuger des *prix* aux meilleurs ouvrages.

En se servant du mot *prix*, la loi du 9 frimaire n'en avoit précisé ni la nature ni l'espèce. Il ne pouvoit convenir qu'à des artistes de donner à ce mot une interprétation facilement applicable aux nombreux produits qui formoient la réunion de ces concours si divers, si variés entre eux. Sans cette diversité de prix, sans une graduation de récompenses appropriées à toutes les espèces de travaux, le jury se seroit vu dans la pénible alternative, ou d'accumuler de trop fortes récompenses sur de trop foibles efforts, ou de ne pouvoir atteindre d'un regard de la bienfaisance nationale ces productions légères, qui, pour n'offrir que des espérances, n'en sont pas moins les germes du génie. C'est aux artistes seuls qu'appartient un pareil discernement; eux seuls aussi pouvoient établir une théorie nouvelle de récompenses nationales.

Ainsi, libre dans l'acception qu'il pouvoit assigner au mot *prix*, le jury a senti que, de toutes les manières d'encourager les talens, celle qui rempliroit le mieux les vues de la Convention nationale, devoit être celle qui seroit la plus reproductive pour eux et pour la nation.

Desséchés par six années de stérilité, les arts demandoient des travaux : c'eût été mal entendre leurs intérêts que de distribuer de simples récompenses pécuniaires, presque inutiles à leur encouragement ; c'est donc à convertir en ouvrages de toute espèce les prix qu'il devoit distribuer, que le jury a dirigé ses soins et ses pensées. Il a voulu que le prix d'un bon ouvrage devînt le germe et la source d'un meilleur ; et si, dans l'échelle de récompenses qu'il a établies, il s'est déterminé à admettre les prix purement pécuniaires, ce n'est qu'au dernier degré, et comme un remplacement indispensable en certains cas, où de nouveaux travaux ne pouvoient être commandés.

Tel est l'esprit qui a guidé le jury dans la recherche des diverses espèces de prix dont chacun des arts pourroit être susceptible.

Le résultat de la délibération du jury a été que six espèces différentes de prix pouvoient être applicables aux ouvrages de sculpture; quatre espèces de prix ont paru propres à être appliquées aux productions de l'architecture; six espèces diverses de prix ont été fixées pour la peinture.

Citoyens législateurs, votre temps ne vous le permettant pas, le comité n'entrera pas ici dans l'examen des programmes d'après lesquels les concours ont eu lieu. Je ne vous montrerai pas le jury, pour asseoir ses jugemens sur une connoissance bien positive des objets à juger, se rendant compte à lui-même des divers programmes en vertu desquels les concours avoient eu lieu, autant pour s'éclairer sur les données qu'ils renferment, que pour examiner s'ils avoient été conçus de la manière la plus propre à favoriser le développement du génie. Si le comité entroit dans quelques détails à cet égard, vous verriez le jury faire choix, pour l'application des récompenses nationales, d'une forme de jugement propre à l'assurer qu'elles seroient dispensées avec ce discernement, cette discrète économie et cette rigoureuse impartialité que les artistes et la nation avoient droit d'attendre. Si le jury n'a pas suivi la voie la plus expéditive, on lui doit la justice qu'il a suivi la méthode que l'expérience lui a démontrée la plus propre à le conduire sûrement au résultat équitable auquel il desiroit arriver.

Le résultat des jugemens du jury a été rendu public par la voie de l'impression, et placardé dans tout Paris. Cet état comprend le numéro des esquisses et des projets, le nom, la patrie et la demeure des artistes qui ont obtenu les prix, la nature de ces prix, les sommes qui leur sont allouées. Ainsi, le public éclairé va juger à son tour ceux que la loi a établis juges des ouvrages des artistes.

Il résulte du travail du jury que, 1°. sur environ quatre cent quatre-vingts ouvrages de sculpture, architecture et peinture, présentés à vingt-cinq concours différens, cent huit ont été jugés dignes de récompense.

En sculpture · 23
En gravure de médailles · 3
En architecture · 41
En peinture · 41

Total · 108

2°. Que la totalité des sommes allouées aux artistes s'élève ; savoir ,

Pour les ouvrages de sculpture et gravure en médailles, à · · · · · 128,800 liv.
Pour ceux d'architecture , à. · 109,000
Pour ceux de peinture, à. · 205,000

Total · 442,800 liv.

Cette somme , citoyens représentans , vous paroîtra peu considérable, si vous daignez réfléchir :

Que , vu le renchérissement général de tous les objets , elle ne représente pas , à beaucoup près, celle de 100,000 liv. , qui , suivant les décrets de l'assemblée constituante, devoit être annuellement employée au soutien et à l'encouragement des arts ;

Que cette somme se trouve partagée entre un grand nombre d'artistes ;

Qu'enfin le paiement en sera peu onéreux au trésor national, puisqu'il ne s'effectuera que successivement par tiers , et dans le cours de dix-huit mois, à compter du jour auquel la Convention nationale aura ordonné les travaux ; de manière que le premier paiement à faire (qui sera le plus fort de tous, attendu qu'il comprendra les prix pécuniaires, lesquels, à cause de leur modicité, doivent être payés en une seule fois) ne s'élevera qu'à la somme de 212,800 liv. ; savoir ,

Pour le montant des prix pécuniaires de sculpture, architecture et peinture.   97,800 l.
Pour le tiers du montant des autres prix . . . ., 115,000

Total général . . . ., 212,800 l.

Et les 230,000 liv. restantes se trouveront encore partagées en deux autres paiemens égaux de 115,000 liv. chacun à effectuer , l'un dans neuf mois , et l'autre dans dix-huit mois seulement.

Vous n'oublierez pas sans doute que cette somme devant être considérée moins comme la récompense des ouvrages couronnés que comme le prix de nouveaux travaux dont leurs auteurs ont été jugés dignes, la nation, en l'accordant, ne fait, en définitif, que semer pour recueillir.

Représentans, le comité a rempli la tâche que vous lui avez imposée : c'est à vous désormais à faire que le travail du jury ne soit pas infructueux pour les arts ; leur sort dépend de votre sollicitude à les tirer de l'état de langueur où ils sont réduits ; un plus long délai pourroit les perdre , et déjà les puissances étrangères ont fait des propositions avantageuses à plusieurs artistes distingués par leurs talens : le comité croit de son devoir de vous en prévenir.

Vous encouragez chaque jour l'agriculture et le commerce, frappés de paralysie par le règne de la terreur ; ravivez donc aujourd'hui les arts que la barbarie vouloit aussi anéantir, ces arts que tous les étrangers vous envient ; ces arts qui peuvent puissamment servir à consolider la constitution républicaine que vous présentez en ce moment à l'acceptation du peuple.

Mais non , les arts ne périront pas, vous dirons-nous avec le jury ; le feu sacré dont la nation vous a confié le dépôt ne s'éteindra pas entre vos mains ; les favorables dispositions que la Convention a si souvent manifestées pour les arts ne seront pas sans effet ; tant de concours si solemnellement ouverts, tant d'efforts faits par les artistes au milieu des terreurs de la tyrannie, ne seront pas illusoires et stériles ; leurs espérances ne seront pas déçues : bientôt, par vos soins, ils verront les jugemens du jury confirmés, et à la voix de la Convention ils voleront dans leurs ateliers pour n'en sortir qu'avec des ouvrages dignes d'eux et de la République.

D É C R E T.

La Convention nationale , après avoir entendu le comité d'instruction publique , décrète :

ARTICLE PREMIER.

Les jugemens du jury des arts établi par la loi du 9 frimaire, l'an 3, pour juger les concours d'architecture , de peinture et de sculpture, sont confirmés.

I I.

La somme de 442,800 liv., montant des prix décernés, sera distribuée aux artistes qui, au jugement du jury, ont obtenu des prix. La distribution s'en fera suivant les proportions proposées par le jury.

I I I.

L'état contenant le nom, la patrie, la demeure des artistes qui ont obtenu des prix, les sommes allouées, la nature des prix, le numéro des esquisses et projets, sera rendu public par la voie de l'impression, et envoyé aux départemens.

I·V.

La commission exécutive de l'instruction publique est chargée de faire délivrer les sommes allouées aux époques qui seront déterminées.

V.

Les esquisses et projets que le jury a déclaré devoir être exécutés comme monumens nationaux, seront déposés aux archives de l'institut national.

(Ce projet de décret est adopté.)

JURY DES ARTS.

PRIX décernés aux esquisses de sculpture présentées aux divers concours ouverts par la Convention nationale, et soumis au jugement du jury des arts, en vertu de la loi du 9 frimaire de l'an troisième de la République française une et indivisible.

NUMEROS des ESQUISSES.	NOM, PATRIE ET DEMEURE DES SCULPTEURS qui ont obtenu des prix.	NATURE DES PRIX.	SOMMES qui leur sont allouées.
	Concours pour la figure colossale du Peuple, à ériger à la pointe du Pont-Neuf.		
1	LEMOT, de Lyon, rue Thibautodé, n°. 19	Le modèle de son esquisse	10,000
19	RAMEY, de la Côte d'Or, rue Basse du Rempart, n°. 346	Le modèle de son esquisse	10,000
22	MICHALLON, de Lyon, rue du Jour, n°. 323	Le modèle de son esquisse	10,000
3	LORTA, de Paris, rue Jacob, n°. 1229	Le modèle d'une figure à son choix.	6,000
8	BACCARIT, de Paris, rue du Faux-bourg Denis, n°. 25	Le modèle d'une figure à son choix.	6,000
9	DUMONT, de Paris, au Louvre	Le modèle d'une figure à son choix.	6,000
11	BORCHOT, de Châlons-sur-Saone, rue Verte, n°. 2	Le modèle d'une figure à son choix.	6,000
5	CHAUDET, de Paris, au Louvre	Un prix pécuniaire de	1,500
6	LESUEUR, de Paris, cour du Louvre	Un prix pécuniaire de	1,500
12	BOIZOT, de Paris, au Louvre	Un prix pécuniaire de	1,500
			58,500

NUMÉROS des Esquisses.	NOM, PATRIE ET DEMEURE DES SCULPTEURS qui ont obtenu des prix.	NATURE DES PRIX.	SOMMES qui leur sont allouées.
	Report	. . . .	58,500ᵗᵗ
	Concours pour la statue de la Nature régénérée sur les ruines de la Bastille.		
28 . .	SUZANNE, de Paris, rue des Messageries, n°. 18	Un prix pécuniaire de	1,000
33 . .	CARTELLIER, de Paris, rue Notre-Dame-des-Champs, près la rue de Vaugirard	Un prix pécuniaire de	1,000
	Concours pour la statue du Peuple terrassant le Fédéralisme (1).		
40 . .	MICHALLON, de Lyon, rue du Jour, n°. 323	Le modèle de son esquisse	10,000
44 . .	DUMONT, de Paris, au Louvre . . .	Le modèle de son esquisse	10,000
41 . .	SUZANNE, de Paris, rue des Messageries, n°. 18	Le modèle d'une figure à son choix.	6,000
36 . .	ROLAND, de Lille, au Louvre . .	Le modèle d'une figure à son choix.	6,000
	Concours pour la statue de J. J. Rousseau, destinée pour les Champs-Élysées.		
54 .	MOITTE, de Paris, aux galeries du Louvre.	L'exécution en bronze de son esquisse, comme monument national (2).	
			92,500ᵗᵗ

(1) Depuis le jugement de ce concours, la Convention nationale ayant ordonné la destruction de tous les monumens relatifs au *fédéralisme*, le jury s'est hâté de se conformer à l'esprit du décret, en arrêtant que les citoyens Michallon et Dumont, auxquels il avoit été accordé d'exécuter en grand le modèle de leurs esquisses qui représentoient *le Peuple français terrassant le Fédéralisme*, auroient la liberté de faire en place tout autre groupe, dont le sujet seroit à leur choix.

(2) Vu l'impossibilité d'estimer au juste la dépense que pourra occasionner cette statue de Rousseau, qui, aux termes du décret de la Convention nationale, doit être exécutée en bronze, pour être placée aux Champs-Elysées, le jury n'a fixé aucune somme, ni pour les frais d'exécution, ni pour les honoraires de l'artiste ; il a pensé qu'il convenoit de laisser au gouvernement le soin de le récompenser suivant son mérite.

NUMÉROS des ESQUISSES.	NOM, PATRIE ET DEMEURE DES SCULPTEURS qui ont obtenu des prix.	NATURE DES PRIX.	SOMMES qui leur sont allouées.
	Report	. . . .	92,500ᵗᵗ
59 . .	CHAUDET, de Paris, au Louvre . .	Le modèle d'une figure à son choix.	6,000
68 . .	MONOT, de Paris, au Louvre . . .	Un prix pécuniaire de	1,800
	Concours pour la figure de la Liberté sur la place de la Révolution.		
88 . .	MORGAN, d'Abbeville, rue de l'Échiquier, n°. 10	Le modèle de son esquisse	7,000
103 . .	DUMONT, de Paris, au Louvre . .	Le modèle de son esquisse	7,000
105 . .	ESPERCIEUX, de Marseille, rue du Pot-de-Fer, au noviciat des jésuites	Le modèle d'une figure à son choix.	6,000
110 . .	CASTEX, de Toulouse, rue du Faubourg Martin, n°. 187	Un prix pécuniaire de	2,500
	Concours pour la Pendule de la salle des séances de la Convention.		
	Le jury a déclaré qu'il n'y avoit pas lieu à adjuger des prix.		
	Gravure en médailles.		
103 . .	DUVIVIER, de Paris, aux galeries du Louvre	Le coin de sa médaille sera acquis par la nation.	
Tête de Rousseau.	DUMAREST, de St-Etienne-en-Forez, quai de l'Ecole, n°. 14	Le coin de sa médaille sera acquis par la nation.	
Tête de Brutus.	DUMAREST, de St-Etienne-en-Forez, quai de l'Ecole, n°. 14	L'exécution d'une médaille à son choix	6,000
	TOTAL		128,800ᵗᵗ

B

JURY DES ARTS.

Prix décernés aux projets d'architecture présentés aux divers concours ouverts par la Convention nationale, et soumis au jugement du jury des arts, en vertu de la loi du 9 frimaire de l'an troisième de la République française une et indivisible.

NUMÉROS des PROJETS.	NOM, PATRIE ET DEMEURE DES ARCHITECTES qui ont obtenu des prix.	NATURE DES PRIX.	SOMMES qui leur sont allouées.
	Concours pour l'arc de triomphe, en mémoire de la journée du 6 octobre.		
2 . .	Moitte, de Paris, au Louvre. . . .	Le modèle en relief de son projet. . .	6,000tt
27 . .	Sobre, de Paris, rue du faubourg du Temple, n°. 27..	Un prix pécuniaire de	,
11 . .	Rousseau, de Nantes, rue de Belle-chasse, n°. 362	Un prix pécuniaire de	1,000
18 . .	Voinier, de Paris, rue des Quatre-Fils, au Marais, n°. 26 . . .	Un prix pécuniaire de	1,000
	Concours pour la colonne d'ériger au Panthéon.		
4 . .	Percier, de Paris, et Fontaine, de Pontoise, rue Montmartre, n°. 219..	Un prix pécuniaire de	4,000
11 . .	Meunier, de Paris, résidant à Nimes	Un prix pécuniaire de	3,000
2 . .	Durand, de Paris, rue Neuve-Etienne, n°. 28 . . . ., Thibault, de Montierender, porte Martin, n°. 368.	Un prix pécuniaire de	2,000
			19,000tt

NUMÉROS des PROJETS.	NOM, PATRIE ET DEMEURE DES ARCHITECTES qui ont obtenu des prix.	NATURE DES PRIX.	SOMMES qui leur sont allouées.
	Report	. . . .	19,000^{tt}
9 . .	VIGNON, de Lyon, rue d'Orléans-Honoré, n°. 20.	Un prix pécuniaire de.	2,000
3 . .	LEFEBVRE, de Paris, rue Martel, n°. 9.	Un prix pécuniaire de.	1,000
	Concours pour les arênes couvertes sur le local de l'ancien Opéra, rue de Bondi.		
6 . .	CAHURE, de Paris, rue des Poulies, au coin de celle Honoré	Un prix pécuniaire de.	2,000
	Concours pour le monument à ériger à la place des Victoires.		
23 . .	SOBRE, de Paris, rue du faubourg du Temple, n°. 27.	Un prix pécuniaire de.	2,000
6 . .	ALLAIS, de Rouen, rue Bourg-l'Abbé, n°. 3.	Un prix pécuniaire de.	1,000
7 .	VIGNON, de Lyon, rue d'Orléans-Honoré, n°. 10.	Un prix pécuniaire de	1,000
27 . .	SUZANNE, sculpteur, de Paris, rue des Messageries, n°. 18	Un prix pécuniaire de.	1,500
	Concours pour le temple à l'Égalité, sur l'emplacement du jardin Beaujon.		
1 . .	{ DURAND, de Paris, rue Neuve-Etienne, n°. 28 . . . . THIBAULT, de Montierender, porte Martin, n°. 368. . . . . . . }	L'exécution de leur projet, comme monument national.	7,000
2 . .	LEMERCIER, de Paris, rue Grange-Batelière, n°. 10.	Un prix pécuniaire de.	2,000
8 . .	VILLERS, de Lyon, rue du Mont-Blanc, n°. 48.	Un prix pécuniaire de.	2,000
			40,500^{tt}

NUMÉROS des Projets.	NOM, PATRIE ET DEMEURE DES ARCHITECTES qui ont obtenu des prix.	NATURE DES PRIX.	SOMMES qui leur sont allouées.
	Report	. . . .	40,500ʰ
	Concours pour l'architecture rurale.		
6 . .	DAMESME, de Magny, près Mantes, rue Neuve-des-Petits-Champs, nº. 729	Un prix pécuniaire de	1,000
7, 8 et 9	BENOIT, rue de Louvois, vis-à-vis le théâtre	Un prix pécuniaire de	1,000
	Concours pour les assemblées primaires.		
3 . .	DURAND, de Paris, rue Neuve-Etienne, nº. 28 . . . . THIBAULT, de Montierender, porte Martin, nº. 368	Le modèle en relief de leur projet. .	5,000
6 C. .	DURAND, de Paris, rue Neuve-Etienne, nº. 28 . . . . THIBAULT, de Montierender, porte Martin, nº. 368	Le modèle en relief de leur projet. .	4,000
	Concours pour les temples décadaires.		
1 . .	DURAND, de Paris, rue Neuve-Etienne, nº. 28 . . . . THIBAULT, de Montierender, porte Martin, nº. 368	Le modèle en relief de leur projet. .	6,000
2 . .	DURAND, de Paris, rue Neuve-Etienne, nº. 28 . . . . THIBAULT, de Montierender, porte Martin, nº. 368	Le modèle en relief de leur projet. .	4,000
9 . .	LAFOSSE, de Rouen, rue des Fossés-Saint-Germain-l'Auxerrois.	Un prix pécuniaire de.	3,000
11 . .	COCKET, de Lyon, résidant à Lyon.	Un prix pécuniaire de.	4,000
	Concours pour les maisons communes.		
4 . .	DURAND, de Paris, rue Neuve-Etienne, nº. 28 . . . . THIBAULT, de Montierender, porte Martin, nº. 368	Le modèle en relief de leur projet. .	5,000
			73,500ʰ

NUMÉROS des PROJETS.	NOM, PATRIE ET DEMEURE DES ARCHITECTES qui ont obtenu des prix.	NATURE DES PRIX.	SOMMES qui leur sont allouées.
	Report	. . . .	73,500ᵗᵗ
6 B.	DURAND, de Paris, rue Neuve Étienne, n°. 28 . . . . THIBAULT, de Montierender, porte Martin, n°. 368.	Le modèle en relief de leur projet. .	4,000.
3 . .	PROTAIN, de Paris, rue de Lancry, n°. 10.	Un prix pécuniaire de.	2,000
	Concours pour les tribunaux.		
1 . .	DURAND, de Paris, rue Neuve-Étienne, n°. 28 . . . . THIBAULT, de Montierender, porte Martin, n°. 368	Un prix pécuniaire de.	3,000
3 A.	BIENAIMÉ, d'Amiens, rue de l'Echiquier, n°. 2.	Un prix pécuniaire de.	3,000
	Concours pour les justices de paix.		
3 . .	BIENAIMÉ, d'Amiens, rue de l'Echiquier, n°. 2.	Le modèle en relief de son projet. . .	4,000
5 . .	VIGNON, de Lyon, rue d'Orléans-Honoré, n°. 20.	Le modèle en relief de son projet. . .	4,000
6 A.	DURAND, de Paris, rue Neuve-Étienne, n°. 28 . . . . THIBAULT, de Montierender, porte Martin, n°. 368	Un prix pécuniaire de.	2,000
	Concours pour les prisons et maisons d'arrêt.		
1 . .	DESTOURNELLES, de Paris, rue Férou, n°. 27.	Un prix pécuniaire de.	1,000
4 . .	FLORENCE, de Paris, rue Jacques, n°. 568.	Un prix pécuniaire de.	1,000
	Concours pour les théâtres nationaux. Le Jury a déclaré à l'unanimité qu'il n'y avoit pas lieu à adjuger de prix.		
			96,500ᵗ

NUMÉROS des PROJETS.	NOM, PATRIE ET DEMEURE DES ARCHITECTES qui ont obtenu des prix.	NATURE DES PRIX	SOMMES qui leur sont allouées.
	Report	. . . .	96,500^{lt}
	Concours pour les bains publics.		
5 . .	DURAND, de Paris, rue Neuve-Etienne, n°. 28 . . . . THIBAULT, de Montierender, porte Martin, n°. 368	Un prix pécuniaire de.	1,000
	Concours pour les fontaines publiques.		
2 . .	DURAND, de Paris, rue Neuve-Etienne, n°. 28 . . . . THIBAULT, de Montierender, porte Martin, n°. 368	Un prix pécuniaire de.	1,000
	Projets d'embellissemens pour Paris.		
2 . .	PERCIER, de Paris, et FONTAINE, de Pontoise, rue Montmartre, n°. 219.	Un prix pécuniaire de.	3,000
4 . .	PERCIER, de Paris, et FONTAINE, de Pontoise, rue Montmartre, n°. 219. . . . . r	Un prix pécuniaire de. . . . . . r	4,000
18 . .	BIENAIMÉ, d'Amiens, rue de l'Echiquier, n°. 2.	Un prix pécuniaire de.	2,500
1 . .	GISORS, de Paris, porte Saint-Martin, n°. 20	Un prix pécuniaire de.	1,000
	OBJETS DIVERS. Le Jury a déclaré à l'unanimité qu'il n'y avoit pas lieu à adjuger de prix aux objets compris sous cet article.		
	TOTAL		109,000^{lt}

JURY DES ARTS.

Prix décernés aux esquisses de peinture présentées au concours ouvert par la Convention nationale , et soumises au jugement du jury des arts, en vertu de la loi du 9 frimaire de l'an troisième de la République française une et indivisible.

NUMÉROS des Esquisses.	NOM, PATRIE ET DEMEURE DES PEINTRES qui ont obtenu des prix.	NATURE DES PRIX.	SOMMES qui leur sont allouées.
	Premiers prix.		
24 . .	Gérard , de Rome , au Louvre. . .	L'exécution de son esquisse comme monument national	20,000ᵗᵗ
66 . .	Vincent , de Paris , aux galeries du Louvre·	L'exécution de son esquisse comme monument national	10,000
	Seconds prix.		
4 . .	Taunay , de Paris , à Montmorency·	Un tableau dont le sujet à son choix.	9,000
5 . .	Bidaut , de Carpentras , rue Jean-Jacques Rousseau , maison Bullion	Un tableau à son choix.	6,000
9 . .	Vander Burch , de Montpellier , rue Boucher , n°. 11.·	Un tableau à son choix	6,000
21 . .	Moitte , sculpteur , de Paris , aux galeries du Louvre	Un ouvrage à son choix . . : . . .	6,000
41 .	Le Thiers , de St-Domingue , rue Jean-Jacques Rousseau , maison Bullion.·	Un tableau à son choix	6,000
45 . .	Peyron , d'Aix , au Louvre.	Un tableau à son choix	8,000
48 . .	Fragonard , fils , de Grasse , aux galeries du Louvre	Un ouvrage à son choix	3,000
			74,000ᵗᵗ

NUMÉROS des Esquisses.	NOM, PATRIE ET DEMEURE DES PEINTRES qui ont obtenu des prix.	NATURE DES PRIX.	SOMMES qui leur sont allouées
	Report	. . . .	74,000tt
49 . .	FRAGONARD, fils, de Grasse, aux galeries du Louvre.	Un ouvrage à son choix	3,000
53 . .	PRUD'HOM, de Cluny, rue Cadet..	Un tableau à son choix	5,000
56 . .	VERNET, de Bordeaux, aux galeries du Louvre.	Un tableau à son choix	9,000
57 . .	LEGRAND, de Rouen, rue de Grenelle-Honoré, n°. 35	Un tableau à son choix	8,000
59 . .	CHERY, de Paris, rue Tiquetonne, n°. 122.	Un tableau à son choix	4,000
72 . .	THEVENIN, de Paris, rue Pelletier, boulevard des Italiens	Un tableau à son choix	8,000
80 . .	VIGNALI, de Monaco, à Monaco, près Nice..	Un tableau à son choix	5,000
81 . .	SUVÉE, de Bruges, au Louvre . . .	Un tableau à son choix	9,000
85 . .	LAGRÉNÉE jeune, de Paris, aux galeries du Louvre	Un tableau à son choix	8,000
94 . .	TAILLASSON, de Bordeaux, au Louvre.	Un tableau à son choix	6,000
98 . .	GARNIER, de Paris, rue Neuve-des-Petits-Champs, n°. 462.	Un tableau à son choix	9,000
99 . .	MEYNIER, de Paris, chez le citoyen Vincent, aux galeries du Louvre.	Un tableau à son choix	8,000
101 . .	CALLET, de Saint-Etienne-en-Forez, au Louvre	Un tableau à son choix	6,000
128 . .	SABLET, de Lausanne, au Louvre.	Un tableau à son choix	4,000
131 . .	TAUREL, de Toulon, rue du Gros-Chenet, n°. 11.	Un tableau à son choix	6,000
134 . .	GARNIER, de Paris, rue Neuve-des-Petits-Champs, n°. 462	Un tableau à son choix	6,000
	Prix pécuniaires.		
1 . .	DROLING, de Tubergheim, rue de Touraine, au Marais, n°. 3. . .	Un prix pécuniaire de	1,500
2 . .	MOREAU l'aîné, de Paris, au Louvre.	Un prix pécuniaire de	1,500
3 . .	SWÉBACK-DES-FONTAINES, de Paris, cloître Jacques-l'Hôpital, n°. 16.	Un prix pécuniaire de	1,500
			182,500tt

NUMÉROS des Esquisses.	NOM, PATRIE ET DEMEURE DES PEINTRES qui ont obtenu des prix.	NATURE DES PRIX	SOMMES qui leur sont allouées.
	Report.	. . . .	182,400"
7 . .	GÉRARD, de Landau, place de l'École.	Un prix pécuniaire de	1,500
31 . .	LANDON, du département de l'Eure, rue du Mont-Blanc, n°. 70.	Un prix pécuniaire de	1,500
52 . .	DEVOGES, de Dijon, rue des Mathurins, n°. 3.4.	Un prix pécuniaire de	1,500
54 . .	PRUD'HOM, de Cluny, rue Cadet. .	Un prix pécuniaire de	2,000
67 . .	GÉRARD (la citoyenne), de Grasse aux galeries du Louvre.	Un prix pécuniaire de	2,000
96 . .	FORTY, de Marseille, rue Dorée, au Marais, n°. 570.	Un prix pécuniaire de	2,000
100 . .	COURTEILLE, de Paris, rue Guillaume, n°. 1141.	Un prix pécuniaire de	2,000
113 . .	DUNOUY, de Paris, rue Neuve de l'Égalité, n°. 381.	Un prix pécuniaire de	2,000
126 . .	TAUREL, de Toulon, rue du Gros-Chenet, n°. 11.	Un prix pécuniaire de	1,500
129 . .	LANDON, du département de l'Eure, rue du Mont-Blanc, n°. 70. . . .	Un prix pécuniaire de	1,500
130 . .	DEMARNE, de Bruxelles, au Louvre.	Un prix pécuniaire de	1,500
132 . .	SAUVAGE, de Tournay, au Louvre.	Un prix pécuniaire de	1,500
138 . .	WALAERT, de Lille, résidant à Toulouse ; à Paris, rue Villedot, n°. 5.	Un prix pécuniaire de	2,000
	T O T A L		205,000"

A V I S.

Les Artistes dont les noms sont portés aux tableaux ci-dessus, sont invités à se présenter aux assemblées du jury des arts, qui se tiennent au Louvre, dans la salle du Laocoon, tous les primedis, depuis six heures du soir jusqu'à neuf, pour qu'il leur soit délivré à chacun un certificat en forme, servant à constater la nature et la quotité du prix qu'ils ont obtenu.

ANT. QUATREMERE, président.

LÉON DUFOURNY, secrétaire.

DE L'IMPRIMERIE NATIONALE.

9 782013 069878